AF357124

EXTRAIT DV PROCEZ

verbal, ou Journal fait au Comptoir de Maſſulipatam par les ſieurs Martin, Marchand Commiſſaire deputé du ſieur Caron, Directeur General, & du Portail, au ſuiet de l'empriſonnement des ſieurs Marcara, commencé le 21. Septembre 1669.

Journal, art. 1.

SVr les unze heures du matin, le ſieur Goujon donna ordre au ſieur Martin de ſe ſaiſir du ſieur Marcara ; lequel Martin en avertit le ſieurs Malfoſſe, Deltor, Larairie, Marcandiere, Fourmentin, Thibaudeau, & Augier, pour luy preſter main-forte.

EXTRAIT DE LA

réponſe faite au Procez verbal, ou Journal fait au Comptoir de Maſſulipatam par les ſieurs Martin, Marchand, Commiſſaire député du ſieur Caron Directeur General, & Duportail, au ſujet de l'empriſonnement des ſieurs Marcara, commencé le 21. Septembre 1669.

Réponſe à l'art. 1.

LEſdits Martin & autres étoient ennemis déclarez du ſieur Marcara ; donc ils ne ſont pas recevables en ce qu'ils ont écrit contr'eux. D'ailleurs ledit Iournal eſt plein de contrarietez, meſmes en ſes dattes, qu'il dit au commencement eſtre de l'année 1669. & ſur la fin de 1670.

Les ſieurs Marcara toutefois l'employent en ce qu'il fait voir les cruautez & vexations inoüies, exercées contr'eux par les Officiers de la Compagnie, comme ils le des-avoüent en ce qu'il leur eſt dommageable, eſtant un pur effet de la paſſion & de la haine de ceux qui le produiſent.

A

Quant à ce qui regarde ledit emprisonnement un Officier pour estre comptable , n'est point criminel ; ainsi le sieur Marcara pere n'a point dû estre emprisonné, mis dans les fers , & essuyer aussi bien que son fils & son neveu pendant huit ans, tant d'outrages & de mauvais traitemens.

La rendition de compte est vne affaire purement civile, & on interpelle en cas de refus le comptable devant ses Juges par une action civile. Il n'y a eu aucun acte de sommation faite au sieur Marcara de la part des sieurs Directeurs & de leurs Officiers, aucun acte de refus fait par ledit sieur Marcara de leur rendre ses comptes.

Il paroist par une Lettre du sieur Goujon , Officier des sieurs Directeurs de la Compagnie des Indes Orientales , du 20. Juillet 1670. écrite de Golconde au sieur Caron , par eux produite au Procez, cotte P. quatriéme sacq , que le sieur Marcara avoit rendu ses comptes , comme en effet il les avoit rendus un mois avant son emprisonnement , ainsi qu'il est justifié au Procez.

Le second motif dudit emprisonnement est qu'il n'y avoit aucune sincerité dans les paroles du sieur Marcara ; ce qui est ridicule & chimerique, & ne fait que trop voir l'aveugle animosité des Officiers des sieurs Directeurs , contre ledit sieur Marcara.

Le troisiéme motif est qu'il y avoit lieu de craindre que le sieur Marcara ne quittàt le service de la Compagnie, pareille chimere indigne de réponse.

Mais si le Sieur Marcara estoit si suspect , il ne le falloit point retenir par force , & par un emprisonnement outrageux: Il n'y avoit qu'à luy payer ses appointemens , déduction faite de ce dont il auroit esté trouvé redevable , & le licentier ensuite honnestement.

Tout le crime du sieur Marcara & la principale cause de son emprisonnement est l'obstacle que son zele & sa fidelité inébranlable pour la Compagnie , luy ont toújours fait aporter à la dissipation que les Officiers des sieurs Directeurs faisoient dés biens de ladite Compagnie par leurs débauches, & par leurs déreglemens continuels.

Mais ce qui est estrange, les sieurs Directeurs au lieu de reconnoistre ce service important du Sieur Marcara ; & chastier les crimes de leurs Officiers se sont fait eux mesmes les fauteurs de leurs malversations , & se servent d'eux pour perdre , s'ils pouvoient , ledit sieur Marcara.

On voit par ce mesme premier article du Journal que les

fieurs Larairie, Marcandiere & Thibaudeau ont esté employez audit emprifonnement, & ils estoient tous ennemis declarez dudit fieur Marcara, domestiques & aux gages de la Compagnie ; ils ont esté pratiquez par les fieurs Directeurs qui ne leur ont fait dépofer que ce qu'ils ont voulu contre le fieur Marcara, pour recevoir une amniftie de leurs voleries, pour estre payez de leurs gages, & continuez en leurs employs.

Ils ont eu avec les Sieurs Directeurs plufieurs conferences, au fortir defquelles on les a vû immediatement aller faire leurs dépofitions.

Journal, art. 2.

Sur les trois heures apres midy enfuite du Baptefme d'un Efclave du fieur Marcara (c'eftoit fon neveu & non pas un Efclave) lors qu'il fortoit de chez le fieur Goujon, ledit Martin & les fufnommez, l'arreflerent fans qu'il fift aucune refiflance. Enfuite on alla dans fon appartement fe faifir de fes hardes & coffres, & on arrefta auffi fon fils & fon neveu, qu'on enferma dans un autre lieu.

Vn peu apres le Chabandar & Havaldar envoyerent favoir le fujet dudit emprifonnement, on leur repondit que c'eftoient des affaires de la Compagnie, dont on les prioit de ne fe point mefler. Le fieur Goujou envoya Die-gue Portugais au Gouverneur Mamoudbec l'avertir de cét emprifonnement : Il rapporta que Mamoudbec eut bien voulu voir le fieur Goujon & le fieur Marcara, pour prendre connoiffance de leurs differens, & qu'il prioit le fieur Goujon de le venir voir le lendemain avec le Sr Marcara.

Réponfe à l'art. 2.

L'inhumanité & la barbarie des Officiers des fieurs Directeurs paroift en ce fecond article, où il eft dit qu'ils ont fait emprifonner le fieur Marcara au milieu des réjouïf-fances du Baptefme de fon neveu & non pas d'un Efclave, comme le Journalifte impofe.

La folemnité de ce Baptefme fait connoiftre encore que les fieurs Marcara pere & fils eftoient bien éloignez de l'impie refolution de fe faire Mores ou Mahometans, comme l'ofe fuppofer le Journalifte dans la fuite.

On voit par le mefme article l'impuiffance des fieurs Marcara d'implorer le fecours du Gouverneur de Maffulipatam, & des autres Miniftres du Roy de Golconde, eftant feparément emprifonnez, & n'ayans communication avec qui que ce foit.

Mais quand le fieur Marcara auroit efté coupable, comme non, quel droit avoit-on d'em-

prifonner & d'opprimer fon fils & fon neveu ? N'eft-ce pas vio-
ler tous les droits divins, humains, & naturels, de confondre
l'innocence du fils avec le crime du pere ? d'empécher ce mefme fils par un emprifonnement outrageux de fecourir fon pere
dans fon preffant befoin ? Quelle eftrange injuftice ! quelles
cruautez inoüies.

Le Sieur Goujon ne voulut feulement pas fouffrir que les
Miniftres du Roy de Golconde viffent ou parlaffent aux fieurs
Marcara ; ce qui moñtre encore affez leur impuiffance à em-
ployer pour eux qui que ce foit.

Le refus que ledit Goujon fit pareillement d'aller voir le Gouverneur de Maffulipatam ; comme il en eftoit civilement re-
quis, pour luy expliquer les raifons qu'il avoit euës de faire
emprifonner ledit fieur Marcara, marque bien la mauvaife conduite & la fotte fierté dudit fieur Goujon. Mais il n'en pouvoit rendre aucune raifon valable, & mefme fa confcience le
bourrela tellement, qu'il en fut foudain frapé d'une ardente
fievre dont il mourut, fans avoir receu fes Sacremens.

Journal, art. 3.

*Parmy les hardes & coffres, on
ne trouva point d'autres papiers
que le Livre de deliberations ;
On luy demanda & à fon fils
où eftoit le Firman, ils repondi-
rent tous-deux qu'il eftoit dans le
tiroir de fa table.*

Réponfe à l'art. 3.

L'enlevement defdites hardes, coffres, & effets du fieur
Marcara par les Officiers de
la Compagnie fe juftifie en
cét article auffi bien qu'au
precedent. Donc il eft bien
fondé à en demander la re-
ftitution.

A l'efgard du Firman ou Lettres-Patentes du Roy de Golconde obtenuës par le fieur Marcara, comme c'eftoit une pie-
ce juftificative de fa bonne conduite, & que d'ailleurs il eftoit
le principal Officier de la Compagnie ; il eftoit bien jufte
qu'il le gardaft. La force l'emporta toutefois fur la raifon,
& on le luy enleva violemment avec fes hardes, coffres &
effets.

Art. 4. neaut.　　　　　　　　Art. 4. neant.

| Iournal, art. 5. | Réponse à l'art. 5. |

Lundy 22.

Le Sieur Marcara fut interrogé par les sieurs Deltor & Duportal, & on examina ses comptes.

Lundy 22.

Contradiction manifeste entre ce cinquiéme article, le 1. & le 3. Au premier il est dit que le Sieur Marcara fut emprisonné parce qu'il refusoit de

rendre ses comptes. Au 3. qu'on n'avoit trouvé parmy ses hardes aucuns papiers concernans les affaires de la Compagnie : & en ce 5. on dit qu'en mesme temps on se mit à examiner ses comptes. Et ce mesme jour 22. Septembre, lesdits Officiers de la Compagnie firent signer par force audit sieur Marcara deux Extraits de comptes qui sont produits au Procez. Donc il est veritable que ledit sieur Marcara avoit déja rendu ses comptes.

Mais quel renversement des Loix ? & comment approuver que les sieurs Deltor & du Portail, qui avoient aidé à emprisonner le sieur Marcara, se fassent un Tribunal de leur Loge pour intérroger & juger criminellement ledit sieur Marcara leur Superieur.

| Iournal, art. 6. | Réponse à l'art. 6. |

On répondit à un homme appartenant à Nicnomekam, General des armées du Roy de Golconde, que c'estoient des affaires de la Compagnie.

Cét article & la suite fait connoistre en quelle estime la bonne conduite & l'innocence du sieur Marcara, l'avoit mis dans les Indes, puisque les Ministres & les Generaux

d'Armées du Roy de Golconde, s'interessoient si fort en son emprisonnement.

Il fait pareillement connoistre la resolution que les Officiers des sieurs Directeurs avoient prise de faire perir le sieur Marcara, sans en vouloir rendre raison à personne.

| Iournal, art. 7. | Réponse à l'art. 7. |

Sur les dix heures du matin un Officier de Mamoudbec vint

Estange opiniastreté & arrogance des Officiers des sieurs

*s'informer du sujet de cette de-
tention, parce qu'il estoit obligé
d'en écrire au Roy de Golconde,
il fit plusieurs demandes, à quoy
le sieur Goujon répondit qu'il n'é-
toit sujet de rendre raison de ce
qui se passoit dans la Loge; qu'il
ne pouvoit pas aller trouver Mamoudbec, & qu'il le prioit de ne
se point mêler de leurs affaires.
L'Officier écrivit cette réponse
& demanda à parler au sieur
Marcara; ce qui luy fut refusé,
aussi bien que d'envoyer un François à Mamoudbec.*

Directeurs, de refuser à un
Gouverneur de Province du
Roy de Golconde de luy aller
parler pour luy rendre raison
de l'attentat qu'ils faisoient à
l'authorité Souveraine de ce
Prince son maistre, en empri-
sonnant dans ses Estats le sieur
Marcara, qu'il avoit toûjours
vû negocier auprés de ce Roy.
Comment supporter que des
Marchands Estrangers osent
soûtenir à un des principaux
de ses Ministres, qu'un de leurs
Collegues qu'ils oppriment,
n'est point justiciable de ce
mesme Prince, dans ses propres Estats ? Si le sieur Marcara
avoit esté coupable, les Officiers de la Compagnie ne le devoient-ils pas poursuivre en Justice devant les Ministres de ce
Roy, pour leur faire connoistre ses malversations s'il y en avoit
eu, comme ils le supposent.

Article 8. neant.

Article 8. neant.

Iournal, art. 9.10.11.12.13.
& 14.

Réponse à l'art. 9.10.11.12.
13. & 14.

Mardy 23.

Mardy 23.

*Le sieur Goujon fit écrire au
Roy de Golconde, à son Secre-
taire d'Estat & à Anazarbecq,
sur la detention du sieur Mat-
cara, & les instances de Mamoudbecq.*

*Sur les neuf heures du matin il
vint un Dobassy de Serfamete
demander si le sieur Goujon vouloit aller voir Mamoudbecq. On
luy répondit que quand il seroit
en santé, il feroit ce qu'il juge-
roit à propos, & que si on les at-*

Tous les six articles suivans
marquent de plus en plus
l'honnesteté des Ministres du
Roy de Golconde envers les
Officiers de la Compagnie,
pour la liberté du sieur Marcara, aussi-bien que l'arrogance de ces mesmes Officiers,
qui osent menasser un Gouverneur de Province dans la
ville Capitale de son Gou-
vernement, de luy resister violemment, à luy qui avec une

taquoit, ils se deffendroient. Diverses personnes de Mamoudbec,
& du Coteval solliciterent pour
le sieur Marcara, & le Coteval
vint ensuite pour parler au sieur
Goujon : on luy fit réponse qu'il
estoit malade, & que Mamoudbecq avoit tort de se mêler de ses
affaires. Le Coteval repliqua,
que comme Gouverneur de la Ter-
re, il estoit obligé de s'en informer,
pour empescher le desordre, & si
le sieur Goujon avoit des ordres
pour luy montrer : On luy dit
qu'il n'estoit pas obligé de les montrer & d'en rendre compte ; que
Mamoudbecq ne se devoit point
mêler des affaires de la Compagnie, & que si on leur faisoit
violence, ils s'en ressentiroient.

infinité de gens à sa devotion
pouvoit les accabler en un
moment.

Si les Officiers de la Compagnie avoient eu des ordres
de Sa Majesté Tres-Chrétienne, pour faire arrester le sieur
Marcara, ne devoient-ils pas
les montrer,& prier civilement
le Roy de Golconde & ses
Ministres de trouver bon qu'ils
les missent à execution? C'est ce
qui se pratique dans tous les
Royaumes du monde.

Iournal, art. 15. & 16.

Prés de 150. Soldats armez
se vinrent poster au coin de la
maison de la Loge.

Vn More des principaux de la
ville vint avertir que ces Soldats
avoient esté envoyés par Mamoudbecq, pour accompagner le
sieur Goujon à la visite de qu'il
luy devoit rendre, & qu'ils n'a-
voient point d'ordre d'attaquer,
Ils luy firent réponse qu'ils les
attendoient avec bonne volonté
de se deffendre, & de s'opposer à
tout ce que Mamoudbecq voudroit
entreprendre.

Réponse à l'art.15. & 16.

Il y a de la fausseté dans
cét article : Cependant il fait
voir en Mamoudbecq, Gou-
vérneur de Massulipatam, une
moderation extraordinaire,
malgré les justes raisons qu'il
avoit d'estre irrité contre les
Officiers de la Compagnie,
comme au contraire il fait voir
dans lesdits Officiers un emportement & une insolence,
sans exemple, & un aveuglement, qui ne se peut concevoir, s'exposans eux & tous les
effets de la Compagnie à un
peril manifeste.

Quant aux serviteurs du sieur Marcara ; C'est une pure
fausseté que le Journaliste avance, & quand cela seroit vray ;
ce n'est pas une chose fort estrange, que de bons serviteurs

s'efforcent de tirer leur Maiſtre de l'oppreſſion qu'on luy fait injuſtement ſouffrir, ſans meſme en avoir aucun ordre de luy; comme en effet leſdits ſerviteurs n'en avoient aucun ; puiſque leſdits ſieurs Marcara eſtoient eſtroitement gardez par des gens armez de mouſquets & de piſtolets, & preſts à tout moment de les maſſacrer, s'ils avoient parlé à quelqu'un.

C'eſt une pareille impoſture de dire que ces meſmes ſerviteurs ont promis de l'argent audit Gouverneur de Maſſulipatam, pour la liberté dudit ſieur Marcara leur maiſtre, & aſſeuré qu'il ſe feroit More.

Journal, art. 17.	*Réponſe à l'art. 17.*

Baba autre More, avertit que les amis du ſieur Marcara avoient averty Mamoudbecq, que le ſieur Goujon n'avoit pas le pouvoir de le depoſer, & que c'eſtoit une envie que les François avoient contre luy.

Ceux qui avoient averty le Gouverneur de l'empriſonnement dudit ſieur Marcara, dirent eux-meſmes à ce Gouverneur que ce n'eſtoit que par une pure méchanceté & par un motif d'envie. C'eſt pourquoy l'avis ſalutaire que donna le More Baba aux Officiers de la Compagnie, les devoit bien faire r'entrer en eux-meſmes, & conſiderer le peril où ils s'expoſoient ; mais leur aveuglement ne leur permettoit pas de faire aucune reflexion.

Journal, art. 18.	*Réponſe à l'art. 18.*

Vn des bœufs de la Loge venant de l'eau conduit par un ſerviteur du Logis fut arreſté proche la Maiſon ; le ſieur Martin & autres ſortirent avec des armes qu'ils banderent, & auſſi-toſt il ſe tira pluſieurs coups de part & d'autre, où le ſieur Fourmentin fut tué, apres quoy ceux de la Loge r'entrerent chez eux.

Cét article eſt entierement deguiſé & falſifié, & pour voir dans tout ſon jour la verité de ce qui y eſt contenu, il n'y a qu'à lire le grand Factum du ſieur Marcara, page 30. depuis le nombre 121. juſques au nombre 130. c'eſt pourquoy on ne s'arreſtera pas icy à l'éclaircir au long. Mais y a-t'il rien de plus inoüy, & peut-on concevoir une temerité plus ſurprenante que de voir 4. ou 5. Marchands ou Sous-marchands dans un grand Royaume, prendre les armes, les bander, comme dit

dit le Journaliste , & les décharger contre un grand - Prevost qui fait sa charge, & qui est à la teste de 150. Soldats armez de mousquets, de fléches & de Sabres ; Et ce qu'il y a icy de plus estrange, c'est que (comme l'avoüe le Journaliste luy-mes_mé au 15. article.) D'abord ledit Grand-Prevost n'avoit que ses simples domestiques, sans armes à feu , & qu'ils avoient ordre exprés du Gouverneur de ne faire aucune violence , & de ne point attaquer la Maison ny les Officiers de la Compagnie ; mais seulement de les escorter, lors qu'ils iroient parler au Gouverneur, qui l'avoit ainsi ordonné , non seulement pour faire honneur ausdits Officiers ; mais pour empescher qu'il ne leur fut fait insulte par les habitans de la ville de Massulipa_tam , qui ne pouvoient souffrir l'injuste detention dudit sieur Marcara.

Quoy qu'il en soit il paroist que les sieurs Marcara pere & fils n'ont eu aucune part à tout ce demeslé qui s'est passé aprés leur emprisonnement, puisque comme il paroist par le 2. article du Journal, ils estoient detenus separez l'un de l'autre , & n'avoient aucune communication avec qui que ce soit.

C'est donc à tort qu'on leur impute ce desordre, aussi-bien que la mort de plusieurs François , qui sont encore tous vi-vans ; C'est bien plutost aux sieurs Directeurs, qui authorisent tous ces desordres, que doit estre imputée la mort ; non pas de plusieurs François , car on n'en sauroit citer d'autre que le sieur Fourmentin ; mais d'un grand nombre d'Indiens, qui ont esté tuez tres-injustement.

Journal, art. 19.

Le sieur Dandron avec 4. ou 5. François vint par une porte de derriere, & voyant venir 10. ra-zepoutes à la teste desquels estoit Ramodas Caporal, il fit mine de charger ses pistolets ; ce qui les fit retirer, & ledit sieur Dan-dron estant sorty une seconde fois pour retirer le corps de Fourmen-tin , l'on fit des meurtrieres dans la Loge pour deloger les ennemis d'où ils estoient. Ensuite ledit sieur Dandron & autres avan-

Réponse à l'art 19.

Cét article ne fait pas grand chose au sujet, il sert seulement à faire connoistre la bonne conduite & l'innocence du sieur Marcara, qui s'estoit tel-lement acquis l'amitié de tout le monde ; que chacun s'effor-çoit de le tirer de l'injuste oppression qu'il souffroit.

Cét article marque encore de plus en plus l'emportement insupportable desdits Officiers des sieurs Directeurs qui osoient

cerent & firent leurs defcharges, & fe retirerent.

refifter à un Gouverneur de Province , qui avoit une armée à fa devotion pour dompter leur felonnie. Ils fe mirent, dit le prefent article à faire des meurtrieres dans la Loge de la Compagnie pour braver & tuer tous ceux qui voudroient les attaquer. N'eft- ce pas là porter l'extravagance & l'aveuglement à l'extremité ? & les fieurs Directeurs ne fe laiffent - ils pas bien aller à la paffion d'autorifer & d'appuyer tous les defordres & les emportemens de leurs infenfez Officiers.

Journal, art. 20.

Cependant le fieur Goujon avoit lafché la parole , qu'il falloit ofter la vie à Marcara ; furquoy le fieur Dandron propofa de luy aller dire , & luy alla dire en effet qu'il avoit eu compaffion de luy , & qu'il avoit luy feul efté caufe que ledit fieur Goujon n'avoit pas executé cette refolution, s'affeurant qu'il feroit dire aux Mores & Gouverneur de ne fe plus mêler de fes affaires, finon qu'au premier bruit on le feroit mourir. Le fieur Marcara fit auffi-toft demander le Bagnan Roubgy , & autres , qui dirent au fieur Goujon, que Mamoudbecq eftoit fafché qu'on ne luy avoit pas envoyé un Francois, & que comme fa maladie ne luy permettoit pas de quitter le lit, il le prioit d'envoyer à Mamoudbecq une perfonne de confideration. Le Sr Goujon répondit que la Nation Françoife ne fouffroit iamais rien à fon des-honneur, & qu'il envoyeroit le lendemain vifiter le Gouverneur.

Réponfe à l'art. 20.

On voit dans cét article la Barbarie la plus eftrange qui puiffe tomber dans l'efprit humain.

Des Sous-Officiers & petits Commis à gages ont eu la temerité d'emprifonner outrageufement le fieur Marcara leur Superieur, & mefmes avec luy fon fils & fon neveu. Et parce que le Roy de Golconde , dans les Eftats duquel ils vivent , fes Miniftres , Generaux d'Armée , Gouverneurs de Province , & Officiers de Juftice , veulent favoir le fujet d'un tel attentat, & y apporter les ordres convenables à la dignité de leur Maiftre & de leur Miniftere , parce que ces petits Sous-Officiers & Commis ont le front de refifter à main armée à ces Miniftres & Gouverneurs, & s'attirent par leur infolence leur jufte reffentiment, il faut que le fieur Marcara meure par les propres mains de ces brutaux, & qu'il expie luy-mefme par fa mort tous leurs crimes.

Monsieur Goujon , dit le present article , dans cette extremité avoit lâché la parole, qu'il falloit oster la vie à Marcara,
& sans le sieur Dandron il auroit executé cette resolution, vû
l'insulte qui avoit esté faite à son sujet. Quelle horrible maniere
d'agir ! Et il se trouve que par l'aveu mesme du Journaliste,
dans la suite du present article ; cette pretendue insulte n'estoit
autre chose , qu'un salutaire moyen que le Gouverneur prenoit de r'amener ces insensez Officiers à leur devoir & du juste
ressentiment qu'il avoit des mépris qu'ils faisoient de son authorité & de tous les soins qu'il prenoit pour leur procurer la
paix , en les obligeant de luy venir parler pour accommoder
toutes choses , jusqu'à leur declarer qu'il ne se soucioit pas du
sieur Marcara , & qu'il promettoit d'accommoder toutes choses
à l'amiable.

On voit encore par la fin de cét article l'arrogance avec laquelle lesdits Officiers de la Compagnie ont répondu à ce Gouverneur , & qu'ils ont fait perdre autant qu'il leur a esté possible , au Roy de Golconde & à ses Ministres , tous les hauts sen-
timens d'estime & de consideration , qu'ils avoient conceus pour
la personne Sacrée de Sa Majesté , & pour toute la France.

Article 21. *neant.*   Article 21. neant.

Iournal, art. 22. & 23.   *Réponse à l'art.* 22. *& 23.*

Le Mardy 24.   *Le Mardy* 24.

Le sieur Goujon a ordonné au
sieur Malfosse d'aller chez le
Gouverneur , il est party avec
diverses personnes , & six
Cavaliers venus au devant de
la part de Mamoudbec ; il fut
bien receu , & apres diverses
plaintes de part & d'autre , &
que Mamoudbec eut donné audit
Malfosse mille marques de té-
moignages d'amitié , il revint
accompagné des susdites person-
nes , qui dirent au sieur Goujon
que Mamoudbec vouloit absolu-
ment voir le lendemain le sieur

Continuation des civilités du
Gouverneur de Massulipatam
envers les Officiers de la Compagnie , malgré leur insolente
conduite. Ce Gouverneur a de
son costé la justice, la force,
& l'authorité pour se faire obeïr
par lesdits Officiers ; Cependant il les prie civilement de
luy amener le sieur Marcara
avec un d'entr'eux.

Il fait plus il leur donne sa
parole , & leur fait mesme
donner caution par écrit du
Chabandar , c'est-à-dire du

Marcara, qu'il ne luy vouloit parler qu'un moment & qu'il retourneroit; que pour asseurance Miravedoulbagui,& le Chabandar viendroient le prendre sous leur caution; qu'ils donneroient leurs billets, & s'obligeroient de payer à la Compagnie tout ce que ledit sieur Marcara devoit, & qu'ils feroient en sorte qu'il donneroit toute sorte de satisfaction. Le sieur Goujon repondit qu'il n'y consentiroit jamais, & qu'il mourroit plutost que de relascher. Ils firent diverses interrogations au sieur Marcara.

Prevost des Marchands, & des personnes les plus riches & les plus considerables de Massulipatam, de leur remettre ledit sieur Marcara entre les mains, de payer pour luy à la Compagnie, ce dont il se trouveroit redevable, & de satisfaire entierement lesdits Officiers, sur tout ce qu'ils pourroient exiger de luy. Ainsi ils n'avoient pas lieu de le retenir plus long-temps en prison, non plus qu'ils n'en avoient point eu de l'emprisonner. Mais voicy comment le sieur Goujon & ses Collegues repondent à toutes ces honnestetés.

Le sieur Goujon méprise audacieusement les demandes du Gouverneur, il luy refuse avec insolence, tout ce qu'il desire avec tant de justice; & il a le front de repondre froidement qu'il ne fera rien de tout ce qu'il exige de luy. N'est-ce pas là un procedé bien judicieux & bien estimable?

Iournal, art. 24.

Nostre interprete a fait rapport que le sieur Marcara a fait réponse qu'il estoit justiciable des François. On a fait rapport, & c'est le bruit commun, que le Gouverneur vouloit voir le sieur Marcara, afin qu'il se fist More, ainsi que le sieur Marcara luy avoit fait demander; qu'il luy avoit promis 2000. Roupis, 500. à Havaldar, & 500. aux Officiers.

Réponse à l'art. 24.

Les premieres lignes de cet article confondent entierement la calomnie des sieurs Directeurs & de leurs Officiers, quand ils accusent le sieur Marcara d'avoir suscité contr'eux le Gouverneur de Massulipatam, & les autres Ministres du Roy de Golconde, quand cette imposture n'auroit pas déja esté refutée, comme elle l'a esté.

Le sieur Marcara fait réponse aux Envoyez du Gouverneur de Massulipatam, qu'il est justiciable des François. Il n'auroit pas répondu de la sorte, s'il avoit eu dessein d'implorer le secours & l'authorité de ce Gouverneur pour sortir de l'oppresſion injuſte, ſous laquelle il gemiſſoit ; puiſque cette réponſe eſtoit bien plutoſt capable de luy attirer l'inimitié & l'indignation dudit Gouverneur & des autres Miniſtres du Roy de Golconde, que de luy concilier leur bien-veillance & leur protection.

Le ſieur Marcara agiſſoit donc en quelque façon contre ſon propre intereſt en cette rencontre. Mais ce qui l'a obligé de parler ainſi, c'eſtoit premierement le témoignage de ſa bonne conſcience, & d'ailleurs l'eſtime ſinguliere qu'il a toûjours faite d'avoir l'honnenr d'eſtre au ſervice d'une Compagnie qui appartenoit à Sa Majeſté Tres-Chrétienne, & de la connoiſſance qu'il avoit du peril évident où eſtoient les Officiers & la Maiſon de la meſme Compagnie, d'eſtre ſacrifiez à la juſte colere des Miniſtres du Roy de Golconde, s'il avoit donné la moindre marque de vouloir recourir à leur protection. Il a bien voulu preferer le ſervice du Roy Tres Chreſtien, la vie de ſes ennemis & les biens de la Compagnie à ſa propre liberté, à ſa propre vie, & à celle de ſon fils & de ſon neveu.

Tout le reſte de cet article eſt une impoſture pleine de contradiction. On accuſe le ſieur Marcara d'avoir voulu ſe faire More, & donner de l'argent au Gouverneur de Maſſulipatam, & aux autres Miniſtres du Roy de Golconde, pour ſe procurer la liberté ; Cependant il leur declare qu'il ne les reconnoiſt point pour ſes Iuges, & qu'il eſt juſticiable des François ; Comment accorder cela ?

Cette impoſture eſt refutée par le ſecond article, où il eſt dit que le ſieur Marcara fut empriſonné en venant de faire baptiſer ſon neveu. Par le 34. cy aprés, où il eſt dit qu'il a employé de grandes ſommes d'argent pour bâtir des Egliſes, pour racheter des Captifs, pour payer le Tribut des Chrétiens, & pour aſſiſter les pauvres ; Enfin par le 42. article, où il eſt dit qu'il a paru eſtre dans une devotion entiere.

Iournal, art. 25.	Réponſe à l'art. 25.
Cependant on trouva à propos de luy dire que deſormais il periroit & ſeroit mis à mort à la moindre choſe & inſulte qui nous feroit fait, & qu'il euſt à nous procurer la paix, s'il n'a pas donné lieu de croire le contraire.	Continuation de la barbarie des Officiers des ſieurs Directeurs exercée contre le ſieur Marcara pere. On luy fait dire qu'il ſera mis à mort à la moindre inſulte qui leur ſera faite. Peut-on

Il a fait son possible pour nous delivrer d'embarras & asseurer les Mores & Mamoudbec, que nous luy ferions justice. Le sieur Goujon a travaillé à l'interroga-tion du sieur Marcara, qui en presence de tous signa ses ré-ponses.

s'imaginer rien de plus horrible & qui merite davantage l'indi-gnation de tout ce qu'il y a de personnes raisonnables ? Parce, dit le Iournaliste, qu'il avoit esté l'Auteur de la querelle & du soûlevement des Mores; Mais il venoit de leur declarer qu'il ne les reconnoissoit point pour ses Iuges, & qu'il estoit justiciable des François.

Deplus il avoit toûjours esté jusqu'alors detenu si estroitte-ment, que depuis son emprisonnement il n'a pû voir ny parler à personne qui le pût servir auprés du Gouverneur & des au-tres Ministres du Roy de Golconde, que le Iournaliste & ses Collegues s'étoient attirez sur les bras, par leurs insolences & leur mauvaise conduite.

Selon mesme le témoignage du Iournaliste, lors que le sieur Marcara a eu la liberté d'écrire & de parler, il a fait tous ses efforts pour délivrer lesdits Officiers d'embarras & assûrer le Gouverneur & les Mores qu'ils luy feroient justice : Et pour preuve de cela, il se soumet à l'interrogatoire dudit Iourna-liste & de ses Collegues ; quoy qu'il sceut tres-bien qu'ils n'a-voient aucune jurisdiction sur luy, sauvant par cette sage con-duite ses ennemis mesmes, qui se feroient vus en butte à la fu-reur & au ressentiment des Ministres du Roy de Golconde, s'il en eust usé autrement.

Ioutnal, art. 26.

Réponse à l'art. 26.

Quatre ou cinq Mores sont demeurez morts sur la place, & il y en eut plusieurs de blessez.

Au lieu de quatre ou cinq Mores de tuez, qui estoient à la suite du Grand-Prevost, il y en eut jusqu'à treize de mas-sacrés par les Officiers de la Compagnie.

Par cét aveu du Iournaliste on voit clairement le sujet de la colere & du ressentiment du Roy de Golconde & de ses Mi-nistres ; & cét horrible massacre de leurs gens, ne leur don-noit que trop de lieu de mettre en pieces tous ces rebelles.

Mais bien loin qu'on doive imputer la cause de ce desordre au sieur Marcara; ce fut luy qui par ses prieres & ses intercef-sions auprés du Roy de Golconde & de ses Ministres, tira les-dits Officiers de la Compagnie du peril évident où ils estoient de leur perte.

Iournal, art. 27.

*Le sieur Goujon ayant assem-
blé le sieur Martin & tous les
Sous-marchands & Commis, il
fut resolu qu'il répondroit au
Sersemet, Chabandar & Miravedoulbagui ; qu'ils étoient resolus
de se deffendre , & qu'ils peri-
roient plutôst que de donner la
liberté à Marcara ; que cependant il seroit fait entr'eux que
lorsqu'ils seroient tous aux abois,
on cederoit à la force & qu'on le
laisseroit enlever , en protestant de
tous dépens dommages & interests
& de s'en venger , que Marcara seroit intimidé & informé ;
qu'à la moindre insulte on luy
couperoit la teste ; ce que le sieur
Dandron luy alla dire. Il vit
que de toutes parts on faisoit
chercher des armes , de la poudre
& du plomb , avec provision de
boire & manger , & qu'on faisoit des meurtrieres.*

Réponse à l'art. 27.

Opiniastreté , ou plutôst
rage des Officiers de la Compagnie animée à faire perir le
sieur Marcara sans aucun sujet,
& ridicule & impertinente pro-
testation de tous depens dommages & interests contre le
Gouverneur de Massulipatam,
parce qu'il ne veut pas souffrir
qu'ils entreprennent sur l'authorité du Roy son Maistre, ny
qu'ils oppriment dans ses Estats
une personne de la consideration du Sieur Marcara leur
Superieur.

Iournal, art. 28. & 29.

*Il envoya prier le Gouverneur
de ne se plus mêler de ses affaires , & pria un Persien qui estoit
venu luy parler de faire en sorte
que Mamoudbec ne se meslat plus
de ses affaires , que sa vie en
dépendoit. Mamoudbec paroissant
intimidé a fait distribuer de la
poudre & du plomb à tous ses
Soldats.
Sur les quatre heures du soir Miravedoulbagui le Sersemet , & le*

Réponse à l'art. 28. & 29.

Le sieur Marcara envoye
prier le Gouverneur de ne se
plus mêler de ses affaires. Ce
n'estoit donc pas luy qui l'a-
nimoit contre les Officiers de
la Compagnie, comme dit le
Journaliste ; mais seulement le
devoir de ce Gouverneur &
l'insolence desdits Officiers,
qui paroist de plus en plus,
par l'opiniastre resistance qu'ils
font de luy complaire & de

Chabandar sont venus ; & au deffaut des sieurs Goujon & Martin ; le sieur Dandron leur dit qu'on ne rendroit point le sieur Marcara, encore moins le laisseroit-on aller chez Mamoudbec un quart d'heure. Ils firent offres de service de la part de Mamoudbec.

luy mener le Sieur Marcara. A l'égard de ce que le Journaliste avance que le Sieur Marcara envoya querir le Firman qu'il avoit sequestré & donné, c'est une pure supposition malicieusement inventée ; car si ledit Sieur Marcara avoit eu dessein de détourner quelque chose a son profit, il avoit dans son appartement pour plus de 6000. livres, tant marchandises & hardes, qu'or & argent, & il ne se seroit pas arresté au Firman. Il n'y a rien de plus veritable que ce qui a esté dit au commencement de ce Journal, que le firman estoit dans le tiroir de la table dudit Sieur Marcara, ainsi que luy & son fils le dirent aux Officiers desdits Sieurs Directeurs. Mais il ne se faut pas estonner si ledit firman ne se trouva pas alors, vû que l'appartement du Sieur Marcara ayant esté abandonné au pillage de tous lesdits Officiers & domestiques, ils emporterent tout pesle-mesle ; de sorte que ledit Sieur Marcara apprit depuis qu'ils l'avoient retrouvé entr'eux.

Iournal, art. 30.

Vendredy 26.

Vn peu apres les mesmes Mores revinrent & firent au sieur Dandron beaucoup de complimens de la part de Mamoudbecq, & s'excuserent sur ce qui s'estoit passé. L'on nous a rapporté que Mamoudbecq avoit déja receu plus de la moitié d'argent comptant de ce qui luy avoit esté promis par Marcara.

Réponse à l'art. 30.

Vendredy 26.

Rien n'est plus ridicule & plus chimerique que l'accusation contenuë en cét article.

On dit que le Sieur Marcara avoit promis de l'argent au Gouverneur & aux autres Officiers, & que ce Gouverneur mesme en avoit déja receu la moitié ; mais comment cela se pouvoit-il faire, puisqu'il étoit toûjours estroitement gardé & n'avoit communication avec qui que ce soit. Quant-à ce que le Journaliste avance encore icy que ledit Sieur Marcara s'estoit voulu faire More ; c'est une imposture qu'on a assez refutée en divers endroits.

Journal, art. 31.

Le sieur Marcara a envoyé querir quatre Montres à boëtes d'or émaillées, comme aussi quatre papiers ou Memoires differens.

Réponse à l'art. 31.

Le Sieur Marcara a eu raison de persister que lesdites Montres avoient dû s'estre trouvées dans sa chambre, & comme il a déja esté dit cydevant, si lesdites montres

aussi bien que le firman ne se trouuerent pas d'abord, ce fut à cause de la confusion & du desordre que causerent les Officiers & domestiques de la Compagnie par le pillage qu'ils firent des hardes & meubles dudit Sieur Marcara.

Iournal, art. 32.

du Mardy 30.

Le sieur Martin a continué la commission donnée par le sieur Goujon, touchant l'examen des comptes du sieur Marcara, lequel a esté trouvé debiteur, suivant ses comptes qu'il a produits luy mesme de 4522. livres, il a dit qu'il avoit dépensé cette somme pour les affaires de la Compagnie, & encore ses gages & appointemens montans à 21000. livres, & beaucoup d'argent d'ailleurs montant à 9000. roupis, à luy appartenant & à son frere ; qu'il n'en avoit jamais rien voulu mettre en compte, & qu'il n'en auroit jamais parlé, s'il ne s'estoit vû reduit à cette extremité.

Réponse à l'art. 32.

Du Mardy 30.

Dans cét article il paroist par l'aveu mesme du Journaliste, que le Sieur Marcara avoit rendu ses comptes ; qu'il n'estoit redevable à la Compagnie que de la somme de 4522. livres, & qu'il en avoit employé beaucoup davantage pour le service de la mesme Compagnie, & partant il n'y avoit plus de raison de le detenir prisonnier, joint d'ailleurs que ses amis, personnes tres-solvables, offroient de payer ladite somme de 4522. livres, & mesme beaucoup d'avantage, s'il se trouvoit qu'il en fust redevable, comme le Journaliste l'avoüe au vingt-deuxiéme article. Mais

pour faire voir l'imposture & la contradiction du Journaliste, & de ses Collegues, c'est que le 22. Septembre 1670. comme il a esté cy-devant dit. Ils rendent par leurs deux Extraits de comptes ledit sieur Marcara reliquataire de la somme de 25000. livres, & de celle de 22318. livres. Et le 30. du mesme mois, reconnoiſſans que cette ſuppoſition eſtoit trop viſible , & que le Sieur Marcara , qui ſelon toutes les apparences, devoit bien-toſt ſortir de priſon , ne manqueroit pas d'en faire voir la fauſſeté, ils ne le rendent plus reliquataire que de la ſomme de 4522. livres. Tout le reſte du preſent article n'eſt qu'un galimatias qui ne merite point de réponſe.

<table>
<tr><td>

Iournal, art. 33.

I'ay envoyé dire à Mamoud-becq , que je donnerois la liberté à Marcara , s'il vouloit payer à la Compagnie 50000. Roupis , qu'on luy demandoit.

</td><td>

Réponſe à l'art. 33.

Contrarieté entre le prece-dent article & le preſent , qui fait bien voir l'aveuglement du Journaliſte. Il vient de dire que le Sieur Marcara aprés avoir rendu ſes comptes s'é-

</td></tr>
</table>

toit trouvé redevable de la ſomme de 4522. livres , & il dit icy qu'il a envoyé dire au Gouverneur qu'il donnera la liberté à Marcara , s'il veut payer à la Compagnie 50000. roupis , qu'on luy demande ? Quelle proportion entre 4522. liv. & 5000. roupis, qui font 75000. livres. Mais pourquoy s'adreſſer au Gouverneur de Mauſſulipatam pour le payement de cette ſomme , quand le Sieur Marcara en auroit eſté redevable , comme il ne l'eſtoit pas ; N'eſtoit-ce pas à ces perſonnes de conſideration , & à ces riches habitans de Maſſulipatam, qui avoient offert d'eſtre la cau-tion du Sieur Marcara , d'en faire leur propre billet, & de payer à la Compagnie , tout ce dont il ſe trouveroit luy eſtre redevable, que le Journaliſte & ſes Collegues devoient s'adreſſer pour cela.

<table>
<tr><td>

Iournal, art. 34.

Le ſieur Marcara a dit au ſieur Thibaudeau, qu'une partie de ſon argent il l'avoit envoyé en Perſe ; qu'il en avoit beaucoup depenſé pour les affaires de la Compagnie , qu'il avoit donné plus de 1000 roupis aux pauvres, envoyé de l'argent pour faire re-batir une Egliſe ruinée ; qu'il avoit envoyé 500. roupis en Ieru-ſalem pour les Captifs , & 500. autres Roupis en Armenie pour

</td><td>

Réponſe à l'art. 34.

Ce ſeul article ſuffit pour confondre le Journaliſte & pour le convaincre de menſon-ge en tout ce qu'il a dit contre le ſieur Marcara , qu'il a diſſi-pé le bien de la Compagnie, & s'eſt voulu faire Mahome-tan. Il reconnoiſt icy qu'il avoit dépenſé des ſommes tres-conſiderables du ſien pour le ſervice de la Compagnie , ſans les employer dans ſes comptes.

</td></tr>
</table>

payer un certain Tribut, que les Armeniens doivent au Turc; qu'il n'avoit pas un sol, & que Dieu savoit tout.

Il rapporte de plus que ledit Sieur Marcara avoit dépensé plusieurs grandes sommes de son argent en œuvres Chrétiennes : comme d'avoir racheté les Esclaves Chrétiens des mains des Mahometans, & des Infideles, d'avoir payé le Tribut aux mesmes Infidelles pour d'autres Chrétiens. D'avoir fait rebâtir des Eglises de Chrêtiens. Enfin d'avoir fait distribuer une grande somme de deniers aux pauvres Chrétiens.

Tout cela est bien éloigné de se vouloir rendre Mahometan, comme l'ose supposer le Journaliste.

Iournal, art. 35.

Marcara fut embarqué environ sur les huit heures du soir, il a esté lié les bras derriere le dos, de peur d'aucune resistance, & le menaçant de le faire mourir, s'il arrivoit quelques Troupes de Soldats de Mamoudbec.

Réponse à l'art. 35.

Voilà comment se sont terminées toutes les cruautez que les Officiers de la Compagnie ont exercées contre le sieur Marcara depuis le 21. Septembre, c'est-à-dire par la plus estrange barbarie qui fut jamais.

Il n'y a qu'à jetter les yeux sur cét article pour avoir de l'horreur de leur procedé. Lors qu'on a fait embarquer le sieur Marcara, il a esté lié les bras derriere le dos, & le menassant de le faire mourir, s'il arrivoit quelques Troupes de Soldats de Mamoudbec, où s'il s'écrioit. Peut-on rien concevoir de plus horrible !

Iournal, art. 36.

Jeudy 16.

Il estoit à peine jour, j'ordonnay à Diegue d'aller chez Mamoudbec luy dire que Marcara estoit embarqué, qu'il n'en falloit plus parler, & que jamais il ne sortiroit de mon pouvoir.

Réponse à l'art. 36.

Ieudy 16.

Cet article ne sert qu'à faire crnnoistre de plus en plus la brutalité & l'insolence des Officiers de la Compagnie, d'oser braver le Gouverneur de Masulipatam.

Journal, art. 37.	Réponse à l'art. 37.

J'ay dit au Capitaine Lam-
bety de refferer Marcara dans
fa petite chambre, & qu'on ne
le fouffrit point promener fur le
pont, ny parler ny efcrire.

Confirmation & continua-
tion des cruautez des Officiers
de la Compagnie, exercées
contre le fieur Marcara.

Article 38. neant.　　　　　*Article 38. neant.*

Iournal, art. 39.	Réponse à l'art. 39.

Dimanche 19.　　　　　*Dimanche 19.*

Sur les dix heures du foir, je
fis embarquer le fils & le neveu
de Marcara, j'eus crainte qu'en
les laiffant à Maffulipatam, ils
ne nous broüillaffent encore.

Quelle barbarie des Offi-
ciers des Sieurs Directeurs de
faire paffer leur haine jufques
fur des perfonnes mefmes, contre lefquelles ils ne pouvoient
former aucune accufation, ny
veritable ny fuppofee. Que leur avoient fait le fils du Sieur
Marcara âgé pour lors de 17. ans feulement ? & Mathieu Marcara fon neveu âgé de 4. ans, qu'il avoit fait baptifer le jour
de fon emprifonnement, pour eftre auffi conftitués prifonniers?
Quel pretexte pouvoient-ils avoir de faire cét attentat ? J'eus
crainte, dit le Journalifte, qu'en les laiffant à Maffulipatam
ils ne nous broüillaffent encore. Grand fujet de crainte ! & que
pouvoient entreprendre deux enfans, l'un de 17. & l'autre de
4. ans. Mais il ne fe faut pas eftonner de cette crainte : l'innocence dans les enfans mefmes eft toûjours redoutable aux Ti-
rans qui la font gemir : *Sagittæ parvulorum factæ funt plagæ*
eorum.

Journal, art.40.

Dans la deliberarion du 15. Octobre 1670. pour l'embarquement du Sr Marcara.

N'y ayant pas d'apparence de lascher un homme, dont la capture faisoit du bruit par tout le Royaume.

François; il falloit donc pour empescher la suite d'un plus grand malheur mettre le sieur Marcara en liberté. Le sieur Marcara, ajouste le Journaliste, leur auroit fait faire cent avanies, ils redoutoient donc son credit, & ce ne pouvoit estre qu'un effet du reproche que leur faisoit leur conscience, & non point un interest de rendition de compte, qui les obligeoit à le detenir.

On voit deplus dans cét article la fausseté de l'énoncé que les Sieurs Directeurs ont fait au Conseil d'Estat, où ils accusent le sieur Marcara d'avoir causé la mort à plusieurs François; & icy le Journaliste ne fait mention que d'un seul, dont il ne rend pas mesme le sieur Marcara coupable, puisqu'il dit seulement que sa capture coustoit la vie à un François. En effet ce fut ce François qui fut luy-mesme la cause de sa mort, & qui tuant un des gens du Grand-Prevost d'un coup de pistolet, fut en mesme temps pareillement tué par luy d'un coup de sabre qu'il luy dechargea sur la teste, comme on le peut voir dans le grand Factum du sieur Marcara page 30. art.125.

Journal, art.41.

Dans la Lettre écrite au Sr Caron de Massulipatam le 21.Octobre 1670.

Vn peu devant l'arresté du sieur Marcara on avoit envoyé

Réponse à l'art.40.

Dans la deliberation du 15. Octobre 1670. pour l'embarquement du sieur Marcara.

L'emprisonnement du Sieur Marcara, dit le Journaliste en cét article, faisoit du bruit par tout le Royaume, & sa capture coûtoit la vie à un François.

Réponse à l'art 41.

Dans la Lettre écrite au sieur Caron de Massulipatam le 21.Octobre 1670.

C'avoit esté le sieur Marcara qui avant son emprisonnement

un Armenien à Portonova au deſſus de Saint Thomé pour negocier avec un Raja, qui en eſt le maiſtre, de la liberté de s'établir audit lieu. Ie ne croy pas que l'Armenien retourne quand il ſçaura l'empriſonnement de Marcara.

avoit obtenu du Seigneur de Portonova pour la Compagnie, un Port beaucoup plus avantageux pour le negoce, que ne l'eſtoit celuy de ſaint Thomé, avec pouvoir de le fortifier, & dont ledit ſieur Marcara avoit envoyé cét Armenien prendre poſſeſſion au nom de la Compagnie. C'eſt où reſide à preſent le ſieur Martin Auteur du preſent Journal, & où il exerce le Negoce pour la Compagnie : Cela fait clairement voir le zele & la fidelité du ſieur Marcara, pour les intereſts de ladite Compagnie, & les ſervices importans qu'il luy a rendus, meſmes dans le temps de ſa perſecution.

Journal, art. 42.

Réponſe à l'art. 42. & 43.

Dans ladite Lettre du 21. Octobre 1670.

Dans ladite Lettre & dans celle du 3. Novembre 1670.

I'ay fait auſſi embarquer le fils & le neveu de Marcara, ſur l'advis que j'ay eu qu'ils nous pourroient broüiller icy, apres le depart du Navire. Ledit ſieur Marcara pendant ſa detention a paru eſtre dans une devotion entiere, & cependant nous avons ſceu certainement que s'il avoit eu la liberté, la premiere aʃtion qu'il auroit faite, eſtoit de ſe rendre More.

Ces fragmens de Lettres ne ſont qu'une repetition de toutes les calomnies & de toutes les impoſtures répanduës dans ce Journal contre le ſieur Marcara. Ils marquent de plus en plus la crainte qu'avoient leſdits Officiers que le ſieur Marcara ne ſe fiſt rendre juſtice contr'eux dans ledit Royaume de Golconde. Cependant comme la verité force ſes ennemis meſmes à la publier, le Iournaliſte n'a pû s'empécher de dire que ledit ſieur Marcara pendant ſa detention a paru eſtre dans une dévotion entiere ; Et quoyqu'il s'efforce enſuite de détruire cette verité par ſes ca-

Iournal, art. 43.

Dans la Lettre écrite au ſieur Caron de Maſſulipatam le troiſiéme Novembre 1670.

Nous avons encore ſceu depuis

peu que *Marcara avoit dessein de se faire More, & qu'il s'a- prestoit de bonne heure à nuire à la Compagnie aprés sa sortie de prison. Il y va de la derniere conséquence de l'empescher de mettre jamais le pied dans ce Royaume. I'ay oublié de man- der qu'à Golconde, il menaßa Monsieur Goujon de le faire ar- rester. Le bruit commun est qu'il avoit dessein d'attendre le pou- voir d'assembler un Capital con- siderable de la Compagnie, & ensuite plier la toilette.*

lomnies & ses médisances or- dinaires traitant la pieté du sieur Marcara d'hypocrisie: toutes les personnes des-in- teressées qui liront son Iour- nal sans passion, reconnois- tront toujours à travers ses impostures, que le sieur Mar- cara est un homme de bien, bon Chrétien, & tres-affe- ctionné Oeconome des biens de la Compagnie, & qu'il a eu autant de moderation & de patience à supporter tous les outrages qui luy ont esté faits; que les Officiers des sieurs Directeurs ont eu d'em- portement & de passion à le mal-traiter.

Réponse à la Lettre du méme sieur Martin du 17. No- vembre 1670. escrite à la mesme Compagnie.

Dans la Lettre du 17. Novem- bre 1670. escrite aux sieurs Di- recteurs par le sieur Martin de Massulipatam, par laquelle il est fait mention de la continuation des desordres entre Marcara & Roussel, page premiere. Ladite Lettre produite par les sieurs Di- recteurs sous la cotte Q.

L'edit sieur Marcara pere repond, premierement que le contenu de la premiere page; sçavoir que les mes-intelligen- ces contenuës entre le Sieur Roussel & ledit Marcara est faux entierement: parce que ledit sieur Roussel s'estoit re- concilié avec ledit sieur Mar- cara dés le 25. Ianvier de la

mesme année 1670. & avoit declaré au sieur Caron, qu'il s'estoit mépris quand il s'estoit imaginé que ledit sieur Marcara l'avoit voulu faire assassiner, & qu'il reconnoissoit que cela n'estoit pas vray.

Secondement, le contenu en cette premiere page est faux; parce que le Sr Rouſſel eſt mort au mois de Juillet de la meſme année 1670. & par conſequent ſa meſ-intelligence avec ledit ſieur Mar-cara ne pouvoit pas continuer le 17. Novembre de la meſme année 1670. en laquelle le Sieur Martin a eſcrit une Lettre. Enfin comment la meſ-intelligence dudit Marcara avec ledit Rouſſel euſt elle pû continuer le 17. Novembre 1670. que le Sieur Martin eſcrivoit cette nouvelle à Meſſieurs de la Compagnie , puiſque pour lors l'infortuné Sieur Marcara pere eſtoit aux fers detenu priſonnier dans le Vaiſſeau nommé la Couronne en mer , ſur les coſtes de Malabar. Ainſi l'aveuglement du ſieur Martin dans ſes paſſions & ſes fauſſes ſuppoſitions ſe de-couvre & fait connoiſtre le yenin de ſa malice,